# 山西珍贵文物档案

16

晋中卷

山西省文物局　编

科学出版社
北　京

**图书在版编目（CIP）数据**

山西珍贵文物档案. 16 / 山西省文物局编. —北京：科学出版社，2020.11
ISBN 978-7-03-066664-2

Ⅰ. ①山… Ⅱ. ①山… Ⅲ. ①文物–介绍–山西 Ⅳ. ①K872.25

中国版本图书馆CIP数据核字（2020）第215828号

责任编辑：张亚娜　张睿洋 / 责任校对：邹慧卿
责任印制：肖　兴 / 书籍设计：北京美光设计制版有限公司

科学出版社 出版
北京东黄城根北街16号
邮政编码：100717
http://www.sciencep.com

北京华联印刷有限公司 印刷
科学出版社发行　各地新华书店经销

*

2020年11月第　一　版　开本：889 × 1194　1/16
2020年11月第一次印刷　印张：12
字数：130 000

**定价：300.00元**

# 《山西珍贵文物档案》编辑委员会

# 凡　例

1.《山西珍贵文物档案》（以下简称《档案》）是山西省境内国家机关、事业单位、国有企业及国有控股企业收藏的珍贵文物档案。内容包括收藏文物目录、文物基础信息及文物图片。

2.《档案》中的文物原则上是以历次经国家文物局、省文物局组织专家认定的珍贵文物，包含已在第一次全国可移动文物普查平台上备案的珍贵文物或在普查后新定级的珍贵文物。信息表中的“级”即为所认定珍贵文物的级别。

3. 珍贵文物分类原则上按照国家文物局馆藏分类标准来分类，信息表中以“类”表示。

4. 文物的基础信息包括文物名称，国家普查平台登录号，收藏单位，收藏单位原始编号（或辅助账号、发掘号），级别，分类，尺寸，年代，来源，入藏时间等10项内容。

5. 文物名称原则是依据第一次全国可移动文物普查定名标准定名，但部分文物的定名保留原始账号的名称。

6. 文物单位编号分收藏单位原始编号和国家普查平台登录号，表中“原”为收藏单位原始档案编号，“No”是国家可移动文物普查平台登录号。需要说明的是，新增一级文物无国家可移动文物普查平台登录号。

7. 年代采用中国史学界公认的纪年，古人类和古脊椎动物化石地点使用地质年代，史前文物使用考古学年代、历史文物使用王朝年代，纪年确切的用公元纪年表示，个别判定不清年代的文物用“年代不详”表示。信息中的“代”是指文物本体的年代，各类文物年代按时代早晚顺序排列。

8. 信息表中的“源”是指现收藏单位获得文物的来源，“入”是指馆藏文物单位登记入库的时间。因行政区划调整，文物来源所涉地名皆以现行名称为准。

9. 文物本体尺寸，依照第一次全国可移动文物普查的标准测量，信息表中的“cm”是指文物本体尺寸，以厘米计量。

《山西珍贵文物档案》编辑委员会

# 前　言

人类对文物艺术品的收藏由来已久，从私人收藏、欣赏、研究，发展到创办博物馆向公众开放，走过了悠悠数千年的漫长道路。文物藏品是博物馆工作的物质基础，妥善保护和管理博物馆藏品，并在此基础上拓展其用途，使之更好地为公众和社会发展服务，这应当是博物馆以及其他文物收藏单位藏品管理工作的出发点和落脚点。

博物馆藏品管理是伴随着博物馆的出现而“与生俱来”的，世界各国大都经历了对藏品认识的不断深化，不断走向规范化、制度化和科学化的发展过程。中国的博物馆事业与西方国家相比起步较晚，直到21世纪才步入了快速发展的新时期。1982年颁布的《中华人民共和国文物保护法》规定：“历史上各时代重要实物、艺术品、文献、手稿、图书资料、代表性实物等可移动文物，分为珍贵文物和一般文物；珍贵文物分为一级文物、二级文物、三级文物”；“博物馆、图书馆和其他文物收藏单位对收藏的文物，必须区分文物等级，设置藏品档案，建立严格的管理制度，并报主管的文物行政部门备案”。同时，对馆藏文物的调拨、举办展览、科学研究、借用、交换、处置、销售、拍卖、出境和馆藏文物的复制、拍摄、拓印也做出了具体规定;1986年文化部印发《博物馆藏品管理办法》，进一步规定“博物馆对藏品负有科学管理、科学保护、整理研究、公开展出和提供使用（对社会主要是提供展品资料、研究成果）的责任”，要求保管工作必须做到“制度健全、账目清楚、鉴定确切、编目详明、保管妥善、查用方便”。国家法律和规章的出台，使可移动文物的保护管理逐步纳入法制化轨道。

2012年2月，《国家“十二五”时期文化改革发展规划纲要》明确提出“健全文物普查、登记、建档、认定制度，开展可移动文物普查，编制国家珍贵文物名录”。2012年10月，国务院印发《国务院关于开展第一次全国可移动文物普查的通知》。2013年3月，国家普查领导小组办公室向全国印发了《第一次全国可移动文物普查实施方案》。在国家文物局的具体组织下，各级国家机关、事业单位、国有企业及国有控股企业、人民解放军及武警部队按照统一部署，展开了为时5年的国有文物普查工作，共调查102万个国有单位，普查可移动文物计10815万件/套，其中按照普查统一标准登录文物完整信息的有2661万件/套（实际数量6407万件）。这次普查工作，摸清了我国可移动文物资源的总体情况，新发现一批重要文物，建立起国家文物身份证制度，建设了全国文物资源数据库，为健全国家文物资源管理机制，夯实文物基础工作，全面提升文物保护管理水平奠定了坚实基础。

山西是全国文物大省之一，1919 年设立了山西教育图书博物馆，是创建博物馆较早的省份。新中国成立以后，特别是改革开放和 21 世纪以来，全省博物馆事业得到了快速发展，大量新出土文物、社会征集文物入藏各级国有博物馆和其他文物收藏单位，越来越多的现代化博物馆逐步建成，为馆藏文物的保护、研究、展示、文化传播提供了前所未有的条件和基础。但不容忽视的是，也有许多文物收藏单位，因专业力量薄弱、保藏条件有限，藏品管理存在管理理念落后，管理职责不明，制度规范落实不到位，藏品记录不完备，文物分级管理底数不清，档案缺失等诸多问题，给馆藏文物的依法管理、文物藏品的展示利用、文物安全和责任追究带来很多困难和问题。就山西而言，在“一普”之前，珍贵文物的底数始终不清晰，有记载的鉴定定级工作大致如下：

20 世纪 80 年代以前，全省博物馆数量较少，除几个省市级博物馆自行做过一些鉴定定级工作外，没有开展过全省范围的鉴定定级工作。1987～1989 年，省文物局组织开展了一次全省文物系统馆藏文物的鉴定定级工作，对全省文物收藏单位进行文物建档起到了积极的推动作用，遗憾的是，鉴定结束后未形成文件下发收藏单位。1997～1998 年，国家文物局组织文物鉴定委员会专家对我省的鉴定定级成果进行了一次系统梳理和专业确认，奠定了我省珍贵文物定级的基础和范例。2001～2006 年，我省承担财政部、国家文物局馆藏文物数字化和数据库建设试点任务，对录入数据库的 120 万件文物进行了核查，补充了部分珍贵文物信息资料，编印了《山西馆藏一级文物》图录，上报国家文物局备案。

2012～2016 年开展的第一次全国可移动文物普查，是山西全省范围内开展的规模最大、时间最久、效果最好的可移动文物管理的基础性工作。41316 家在晋国家机关、事业单位、国有企业及国有控股企业都纳入了此次普查范围。核定文物收藏单位 413 家，认定并登录文物数据 653100 多条（件/套），实际文物 320 多万件，其中珍贵文物近 6 万件。

珍贵文物是所有文物藏品中的重中之重。在普查后期开展的数据核查过程中，我们清楚地认识到，我省现有珍贵文物在鉴定定级记录、收藏档案记录、账实是否相符、信息是否完备等方面还存在一些问题，我们有责任按照《中华人民共和国文物保护法》的要求，继续对珍贵文物的收藏情况、鉴定定级情况、信息记录资料、收藏流转情况等做出进一步核对和完善，并及时将文物档案的主要信息公之于众，以提升公共文化服务的能力和水平。

文物承载灿烂文明，传承历史文化，维系民族精神，是老祖宗留给我们的宝贵遗产，是加强社会主义精神文明建设的深厚滋养。保护好、管理好、利用好、传承好历史文物，是新时代社会主义文博工作的重大使命。为了实现这一目标，我省经过认真分析研究，决定在加强管理的基础上，按照现行管理体制，由省级到市县，从一级文物入手，然后二级、三级，逐步整理、编辑出版《山西珍贵文物档案》（以下简称《档案》），同时利用编印《档案》的任务压力，反过来助推藏品日常管理的精细化和藏品档案的建立健全。我们希望这套《档案》能成为全省文物单位依法保护、管理、利用珍贵文物的工具书，同时也能有利于文物信息的社会共享，起到公共文化服务的积极作用。

编辑出版文物档案，没有先例可循，我们只是因着粗浅的认识和责任担当意识抛砖引玉，为全国同行探路试水，因此缺点和错误定所难免。真诚希望国家文物局和专家学者批评指正，使我们在今后的工作中不断改进。

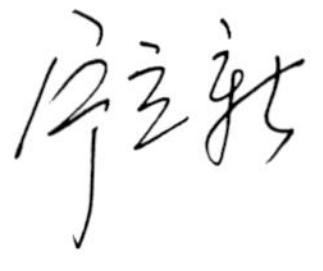

# 目 录

## 商 饕餮纹铜爵

- No 14072921800005000000615
- 藏 灵石县文物所
- 原 862105A000001
- 级 一级
- 类 铜器
- 代 商
- cm 通高 20
- 源 1976 年山西省晋中市灵石县静升镇旌介村出土
- 入 1976 年

## 商 饕餮纹扉棱铜方鼎

No 14072921800005000000626
藏 灵石县文物所
原 862105A000002
级 一级
类 铜器
代 商
cm 通高 17.3、口长 13、口宽 11
源 1976 年山西省晋中市灵石县静升镇旌介村出土
入 1976 年

## 商 凤鸟纹圈足铜提梁卣

No 140729218000050000017

藏 灵石县文物所

原 862105A000003

级 一级

类 铜器

代 商

cm 通高 30；口径长 13，宽 10.3

源 1985 年山西省晋中市灵石县静升镇旌介村出土

入 1987 年

## 商 夔龙纹铜觚

No 14072921800005000000019

藏 灵石县文物所

原 862105A000004

级 一级

类 铜器

代 商

cm 高31，口径17.7，底径10

源 1985年山西省晋中市灵石县静升镇旌介村出土

入 1987年

## 商 夔龙纹铜觚

No 14072921800000500000009

藏 灵石县文物所

原 862105A000005

级 一级

类 铜器

代 商

cm 高 31，口径 17.5，底径 10

源 1985 年山西省晋中市灵石县静升镇旌介村出土

入 1987 年

## 商 夔龙纹铜觚

No 14072921800005000000007

藏 灵石县文物所

原 862105A000006

级 一级

类 铜器

代 商

cm 高 31，口径 17.5，底径 10

源 1985 年山西省晋中市灵石县静升镇旌介村出土

入 1987 年

## 商 夔龙纹铜鼎

No 1407292180000500000644
藏 灵石县文物所
原 862105A000007
级 一级
类 铜器
代 商
cm 通高 33.2，口径 25.2
源 1985 年山西省晋中市灵石县静升镇旌介村出土
入 1987 年

## 商 夔龙纹圈足铜簋

No 1407292180000500000627
藏 灵石县文物所
原 862105A000008
级 一级
类 铜器
代 商
cm 通高 14.7，口径 19.2
源 1985 年山西省晋中市灵石县静升镇旌介村出土
入 1987 年

## 春秋“吴季子”剑

No 14072121800000100000032

藏 榆社县化石博物馆

原 111

级 一级

类 铜器

代 春秋

cm 长 45.2，格宽 4.1

源 1985 年山西省晋中市榆社县三角坪村出土

入 1987 年

## 战国 鸟书“许公”戈

No 1407021180001100000662
藏 晋中市博物馆
原 00487
级 一级
类 铜器
代 战国
cm 通长 19.29，通宽 8.85
源 2012 年山西省晋中市榆次区猫儿岭出土
入 2018 年

清 铜鎏金嵌宝石摆件组合

## 清 铜鎏金嵌宝石熏炉

No 1407262180000600001315
藏 太谷区文物所
原 0075
级 一级
类 铜器
代 清
cm 通高 17.1，口径 9.6，底径 13.5
源 旧藏
入 1980 年

## 清 铜鎏金嵌宝石双耳瓶

No 1407262180000600001302
藏 太谷区文物所
原 0074
级 一级
类 铜器
代 清
cm 高 15.2，口径 3.8，腹径 8.2，底径 4.2
源 旧藏
入 1980 年

## 清 铜鎏金嵌宝石圆盒

- No 140726218000060000 1301
- 藏 太谷区文物所
- 原 0073
- 级 一级
- 类 铜器
- 代 清
- cm 高 5.1，口径 8，底径 5.3
- 源 旧藏
- 入 1980 年

## 新石器时代 白燕一期文化陶兽头

No 14010621800017000022119
藏 晋中市博物馆
原 SKNS10061
级 一级
类 雕塑、造像
代 新石器时代
cm 高 6
源 1980 年山西省晋中市太谷县白燕村出土
入 2018 年

## 新石器时代 白燕一期文化陶兽头

No 14010621800017000021994
藏 晋中市博物馆
原 SKNS10066
级 一级
类 雕塑、造像
代 新石器时代
cm 高 5
源 1980 年山西省晋中市太谷县白燕村出土
入 2018 年

## 新石器时代 白燕一期文化陶兽头

No 1401062180001700022020
藏 晋中市博物馆
原 SKNS10063
级 一级
类 雕塑、造像
代 新石器时代
cm 高 4
源 1980 年山西省晋中市太谷县白燕村出土
入 2018 年

## 新石器时代 白燕一期文化陶兽头

No 1401062180001700022026
藏 晋中市博物馆
原 SKNS10060
级 一级
类 雕塑、造像
代 新石器时代
cm 高 4
源 1980 年山西省晋中市太谷县白燕村出土
入 2018 年

新石器时代 白燕一期文化陶兽头

No 14010621800017000220 22

藏 晋中市博物馆

原 SKNS10064

级 一级

类 雕塑、造像

代 新石器时代

cm 高 2

源 1980 年山西省晋中市太谷县白燕村出土

入 2018 年

新石器时代 白燕一期文化陶兽头

No 140106218000170002 1939

藏 晋中市博物馆

原 SKNS10062

级 一级

类 雕塑、造像

代 新石器时代

cm 高 2

源 1980 年山西省晋中市太谷县白燕村出土

入 2018 年

## 北魏 正光六年石造像碑

No 14072221800013000000620

藏 晋中市博物馆

原 zq0001

级 一级

类 雕塑、造像

代 北魏正光六年（525）

cm 通宽 70，通高 118，厚 11

源 1989 年山西省晋中市左权县城北大街出土

入 2018 年

## 北魏 永熙三年释迦石坐像

No 1407222180001300000541
藏 晋中市博物馆
原 zq003
级 一级
类 雕塑、造像
代 北魏永熙三年（534）
cm 通高 88
源 1989 年山西省晋中市左权县城北大街出土
入 2018 年

## 北魏 永熙三年释迦石坐像

No 14072221800013000000533

藏 晋中市博物馆

原 zq0004

级 一级

类 雕塑、造像

代 北魏永熙三年（534）

cm 通高 50

源 1989 年山西省晋中市左权县城北大街出土

入 2018 年

## 东魏 武定四年铜鎏金观音造像

No 14072521800006000000003
藏 寿阳县文物所
原 001
级 一级
类 雕塑、造像
代 东魏武定四年（546）
cm 通高 15.9
源 1986 年山西省晋中市寿阳县朝阳街出土
入 1997 年

## 东魏 武定六年铜鎏金观音造像

No 140725218000060000006

藏 寿阳县文物所

原 002

级 一级

类 雕塑、造像

代 东魏武定六年（548）

cm 通高 20.3

源 1986 年山西省晋中市寿阳县朝阳街出土

入 1997 年

## 北齐 石雕罗汉头像

No 1407212180000100000290

藏 榆社县化石博物馆

原 YS0043X

级 一级

类 雕塑、造像

代 北齐

cm 高 30.5

源 2003 年山西省晋中市榆社县岩良村福祥寺出土

入 2003 年

## 北齐 石雕罗汉头像

- No 14072121800001000000147
- 藏 榆社县化石博物馆
- 原 YS0049X
- 级 一级
- 类 雕塑、造像
- 代 北齐
- cm 高 32.5
- 源 2003 年山西省晋中市榆社县岩良村福祥寺出土
- 入 2003 年

## 北齐 石雕罗汉头像

No 14072121800001000002000

藏 榆社县化石博物馆

原 YS0050X

级 一级

类 雕塑、造像

代 北齐

cm 高 29.2

源 2003 年山西省晋中市榆社县岩良村福祥寺出土

入 2003 年

## 北齐 石雕菩萨立像

- No 140721218000010000284
- 藏 榆社县化石博物馆
- 原 YS0100X
- 级 一级
- 类 雕塑、造像
- 代 北齐
- cm 高 116
- 源 1983 年山西省晋中市榆社县大同寺出土
- 入 1983 年

## 北齐 石雕菩萨立像

No 14072121800000100000281

藏 榆社县化石博物馆

原 YS0104X

级 一级

类 雕塑、造像

代 北齐

cm 高 200

源 1983 年山西省晋中市榆社县岩良村福祥寺出土

入 1983 年

## 北齐 石雕菩萨立像

No 14072121800000100000228

藏 榆社县化石博物馆

原 YS0101X

级 一级

类 雕塑、造像

代 北齐

cm 高 235

源 1983 年山西省晋中市榆社县岩良村福祥寺出土

入 1983 年

## 北齐 石雕菩萨立像

No 14072121800000100000144
藏 榆社县化石博物馆
原 YS0102X
级 一级
类 雕塑、造像
代 北齐
cm 高 94
源 1983 年山西省晋中市榆社县大同寺出土
入 1983 年

## 北齐 石雕释迦立像

- No 140724218000030000814
- 藏 昔阳县文物所
- 原 0018
- 级 一级
- 类 雕塑、造像
- 代 北齐
- cm 高 80
- 源 1979 年山西省晋中市昔阳县阳村出土
- 入 1979 年

## 北齐 天保九年王氏铜鎏金观音立像

No 14072521800006000005556

藏 寿阳县文物所

原 003

级 一级

类 雕塑、造像

代 北齐天保九年（558）

cm 通高 11

源 1986 年山西省晋中市寿阳县朝阳街出土

入 1997 年

## 北齐 天保十年铜鎏金佛造像

No 14072521800006000000008

藏 寿阳县文物所

原 004

级 一级

类 雕塑、造像

代 北齐天保十年（559）

cm 通高 8.9

源 1986 年山西省晋中市寿阳县朝阳街出土

入 1997 年

## 北齐 河清二年铜鎏金观世音造像

No 14072521800006000000001
藏 寿阳县文物所
原 005
级 一级
类 雕塑、造像
代 北齐河清二年（563）
cm 通高 12.4
源 1986 年山西省晋中市寿阳县朝阳街出土
入 1997 年

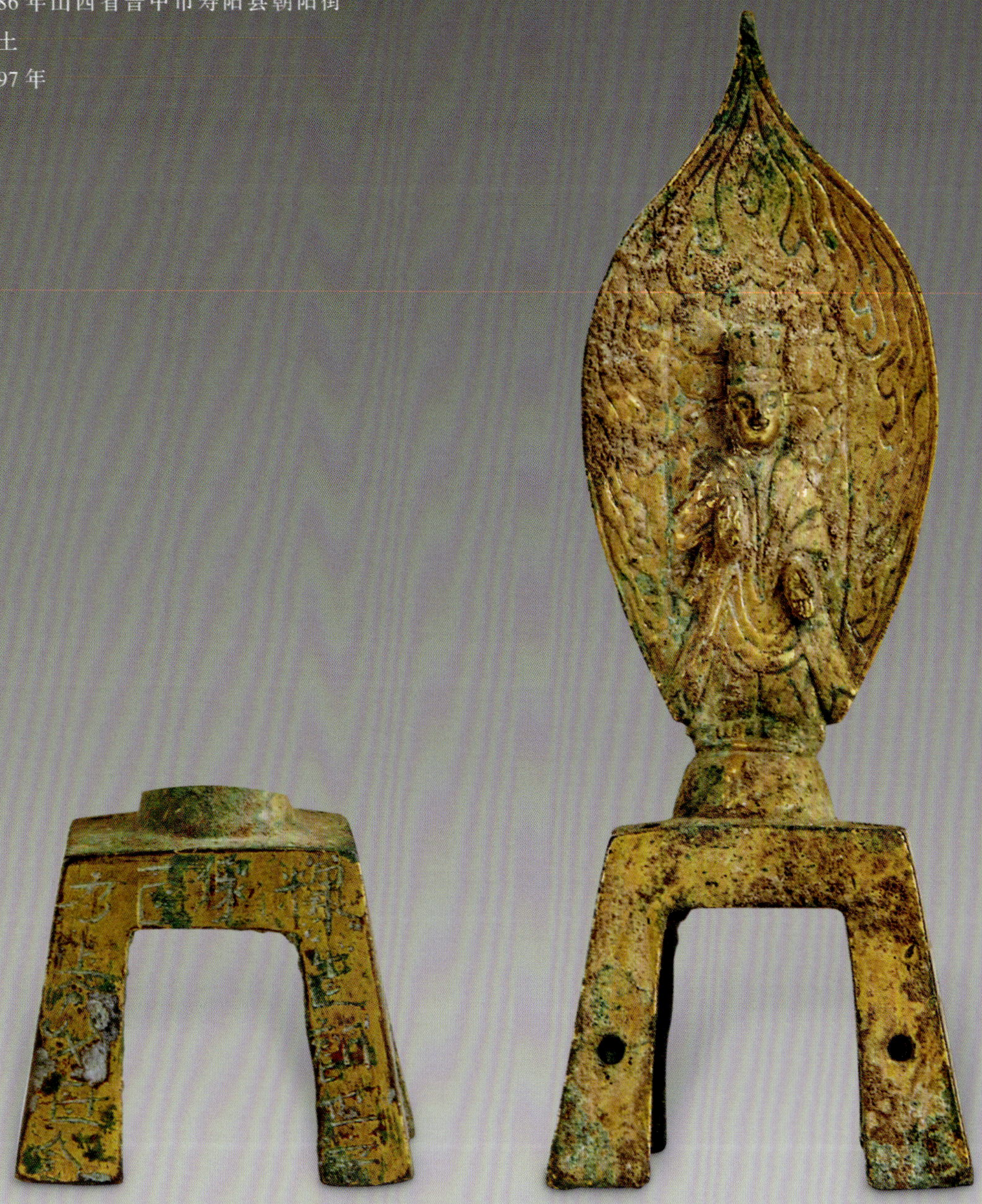

## 北齐 武平五年一佛二弟子铜造像

- No 14072521800006000005557
- 藏 寿阳县文物所
- 原 006
- 级 一级
- 类 雕塑、造像
- 代 北齐武平五年（574）
- cm 通高 13.3
- 源 1986年山西省晋中市寿阳县朝阳街出土
- 入 1997年

## 北齐 武平六年铜佛造像

No 14072521800006000000002

藏 寿阳县文物所

原 007

类 雕塑、造像

代 北齐武平六年（575）

cm 通高 14.6

源 1986 年山西省晋中市寿阳县朝阳街出土

入 1997 年

## 隋 开皇二年铜释迦多宝造像

- No 14072521800006000000653
- 藏 寿阳县文物所
- 原 008
- 级 一级
- 类 雕塑、造像
- 代 隋开皇二年（582）
- cm 通高 13.5
- 源 1986 年山西省晋中市寿阳县朝阳街出土
- 入 1997 年

## 隋 开皇四年铜鎏金观音造像

No 14072521800006000000010

藏 寿阳县文物所

原 009

级 一级

类 雕塑、造像

代 隋开皇四年（584）

cm 通高 13.4

源 1986 年山西省晋中市寿阳县朝阳街出土

入 1997 年

## 隋 开皇九年铜菩萨造像

No 140725218000060000012

藏 寿阳县文物所

原 010

级 一级

类 雕塑、造像

代 隋开皇九年（589）

cm 通高 8.2

源 1986 年山西省晋中市寿阳县朝阳街出土

入 1997 年

## 隋 开皇九年铜菩萨造像

- No 140725218000060000554
- 藏 寿阳县文物所
- 原 011
- 类 雕塑、造像
- 代 隋开皇九年（589）
- cm 通高 11.8
- 源 1986 年山西省晋中市寿阳县朝阳街出土
- 入 1997 年

## 隋 开皇十一年一佛二弟子铜造像

No 14072521800006000000 20

藏 寿阳县文物所

原 012

级 一级

类 雕塑、造像

代 隋开皇十一年（591）

cm 通高 10.1

源 1986年山西省晋中市寿阳县朝阳街出土

入 1997年

## 隋 开皇十一年铜观音造像

No 14072521800006000000011

藏 寿阳县文物所

原 013

级 一级

类 雕塑、造像

代 隋开皇十一年（591）

cm 通高 9.8

源 1986 年山西省晋中市寿阳县朝阳街出土

入 1997 年

## 隋 开皇十三年铜鎏金菩萨造像

No 14072521800000600000012

藏 寿阳县文物所

原 010

级 一级

类 雕塑、造像

代 隋开皇十三年（593）

cm 通高 15.5

源 1986 年山西省晋中市寿阳县朝阳街出土

入 1997 年

## 隋 开皇十四年铜鎏金观音造像

No 14072521800006000000005

藏 寿阳县文物所

原 015

级 一级

类 雕塑、造像

代 隋开皇十四年（594）

cm 通高 7.8

源 1986 年山西省晋中市寿阳县朝阳街出土

入 1997 年

## 隋 开皇十四年铜菩萨造像

No 14072521800006000000009

藏 寿阳县文物所

原 016

类 雕塑、造像

代 隋开皇十四年（594）

cm 通高 12.1

源 1986 年山西省晋中市寿阳县朝阳街出土

入 1997 年

## 隋 开皇十八年铜观音造像

No 14072521800006000000016

藏 寿阳县文物所

原 017

级 一级

类 雕塑、造像

代 隋开皇十八年（598）

cm 通高 13.8

源 1986 年山西省晋中市寿阳县朝阳街出土

入 1997 年

## 隋 开皇十八年铜菩萨造像

- No 140725218000060000015
- 藏 寿阳县文物所
- 原 018
- 级 一级
- 类 雕塑、造像
- 代 隋开皇十八年（598）
- cm 通高 13.2
- 源 1986 年山西省晋中市寿阳县朝阳街出土
- 入 1997 年

## 隋 仁寿二年铜观音造像

No 14072521800006000000013
藏 寿阳县文物所
原 019
级 一级
类 雕塑、造像
代 隋仁寿二年（602）
cm 通高 11.3
源 1986 年山西省晋中市寿阳县朝阳街出土
入 1997 年

## 隋 仁寿三年铜观音造像

No 14072521800006000000014

藏 寿阳县文物所

原 020

级 一级

类 雕塑、造像

代 隋仁寿三年（603）

cm 通高 8.6

源 1986 年山西省晋中市寿阳县朝阳街出土

入 1997 年

## 隋 大业三年铜观音造像

No 14072521800006000000004

藏 寿阳县文物所

原 021

级 一级

类 雕塑、造像

代 隋大业三年（607）

cm 通高 13.6

源 1986 年山西省晋中市寿阳县朝阳街出土

入 1997 年

## 隋 铜鎏金一佛二菩萨造像

- No 140725218000006000000019
- 藏 寿阳县文物所
- 原 22
- 级 一级
- 类 雕塑、造像
- 代 隋
- cm 通高 11.6
- 源 1986 年山西省晋中市寿阳县朝阳街出土
- 入 1997 年

## 隋 铜鎏金菩萨造像

No 14072521800006000000018
藏 寿阳县文物所
原 023
级 一级
类 雕塑、造像
代 隋
cm 通高 10.2
源 1986 年山西省晋中市寿阳县朝阳街出土
入 1997 年

## 隋 铜鎏金力士立像

No 14072521800000600000555

藏 寿阳县文物所

原 024

级 一级

类 雕塑、造像

代 隋

cm 通高 11.5

源 1986 年山西省晋中市寿阳县朝阳街出土

入 1997 年

## 唐 石雕释迦立像

No 14072121800000100000270
藏 榆社县化石博物馆
原 YS0098X
级 一级
类 雕塑、造像
代 唐
cm 通高 123
源 1983 年山西省晋中市榆社县大同寺出土
入 1983 年

## 唐 石雕释迦造像

- No 140721218000010000286
- 藏 榆社县化石博物馆
- 原 YS0107X
- 级 一级
- 类 雕塑、造像
- 代 唐
- cm 通高 93
- 源 1983 年山西省晋中市榆社县大同寺出土
- 入 1983 年

## 唐 石雕佛头像

No 14072621800006000001809
藏 太谷区文物所
原 1232
级 一级
类 雕塑、造像
代 唐
cm 通高 77.5
源 旧藏
入 1980 年

## 唐 石雕释迦坐像

No 14072121800001000000220
藏 榆社县化石博物馆
原 YS0115X
级 一级
类 雕塑、造像
代 唐
cm 通高 173
源 1983 年山西省晋中市榆社县南村出土
入 1983 年

## 唐 释迦铁头像

- No 140728218000020000034
- 藏 平遥县博物馆
- 原 171
- 级 一级
- 类 雕塑、造像
- 代 唐
- cm 通高 100
- 源 旧藏
- 入 1979 年

## 五代 石雕释迦头像

- No 140726218000060000132O
- 藏 太谷区文物所
- 原 0012
- 级 一级
- 类 雕塑、造像
- 代 五代
- cm 通高 27
- 源 旧藏
- 入 1980 年

## 明 铜鎏金自在观音坐像

No 14072821800002000000032
藏 平遥县博物馆
原 167
级 一级
类 雕塑、造像
代 明
cm 通高 110.5
源 旧藏
入 1984 年

## 明 正德二年铜鎏金释迦佛坐像

No 14072821800002000000035
藏 平遥县博物馆
原 169
级 一级
类 雕塑、造像
代 明正德二年（1507）
cm 通高 100.5
源 旧藏
入 1979 年

## 明 铜鎏金莲座释迦佛坐像

No 14078121800006000000177
藏 介休市博物馆
原 0366
级 一级
类 雕塑、造像
代 明
cm 通高 48.5
源 1984 年山西省介休市文化馆移交
入 1989 年

## 明 铜鎏金菩萨坐像

- No 14078121800000600000613
- 藏 介休市博物馆
- 原 0369
- 级 一级
- 类 雕塑、造像
- 代 明
- cm 通高 59
- 源 1984 年山西省介休市文化馆移交
- 入 1989 年

## 明 铜鎏金菩萨坐像

No 14078121800006000006l6

藏 介休市博物馆

原 0370

级 一级

类 雕塑、造像

代 明

cm 通高 58.5

源 1984 年山西省介休市文化馆移交

入 1989 年

## 明 铜鎏金释迦佛坐像

No 14078121800006000005945

藏 介休市博物馆

原 0371

级 一级

类 雕塑、造像

代 明

cm 通高 60.5

源 1984 年山西省介休市文化馆移交

入 1989 年

## 明 铜鎏金菩萨坐像

No 14078121800006000002222
藏 介休市博物馆
原 0372
级 一级
类 雕塑、造像
代 明
cm 通高 73.3
源 1984 年山西省介休市文化馆移交
入 1989 年

明 黄绿蓝釉琉璃鸱吻

No

藏 介休市博物馆

原 D526

级 一级

类 雕塑、造像

代 明

cm 通高 198

源 2017 年山西省介休市洪山石屯村委征集

入 2019 年

## 北魏 浮雕四神杂技石棺

No 14072121800001000022246

藏 榆社县化石博物馆

原 YS0024S

级 一级

类 石器、石刻、砖瓦

代 北魏

cm 长 217，高 80

源 1974 年山西省榆社县河窊村方兴墓出土

入 1974 年

## 五代后唐 天成四年浮雕彩绘四神图石棺

No 1407212180000100000896
藏 榆社县化石博物馆
原 YS0001S
级 一级
类 石器、石刻、砖瓦
代 五代后唐天成四年（929）
cm 高 38，长 45.5，宽 27
源 1987 年山西省晋中市榆社县马岚村王建立墓出土
入 1987 年

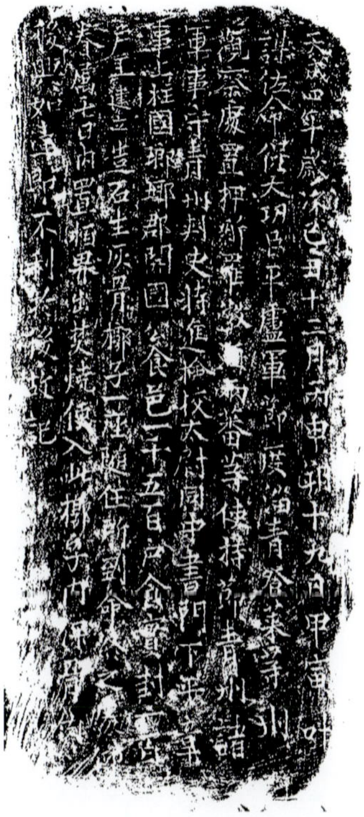

## 宋 元祐四年赵公墓志铭

- No 14072221800013000000566
- 藏 左权县文物所
- 原 Z030
- 级 一级
- 类 石器、石刻、砖瓦
- 代 宋元祐四年（1089）
- cm 长 74，宽 74
- 源 2002 年山西省晋中市左权县坛坊街出土
- 入 2002 年

## 清 傅山书郭有道碑

No 140781218000060000197
藏 介休市博物馆
原 0497
级 一级
类 石器、石刻、砖瓦
代 清
cm 高 223，宽 89，厚 19.5
源 1977 年山西省介休市郭林宗祠遗址征集
入 1989 年

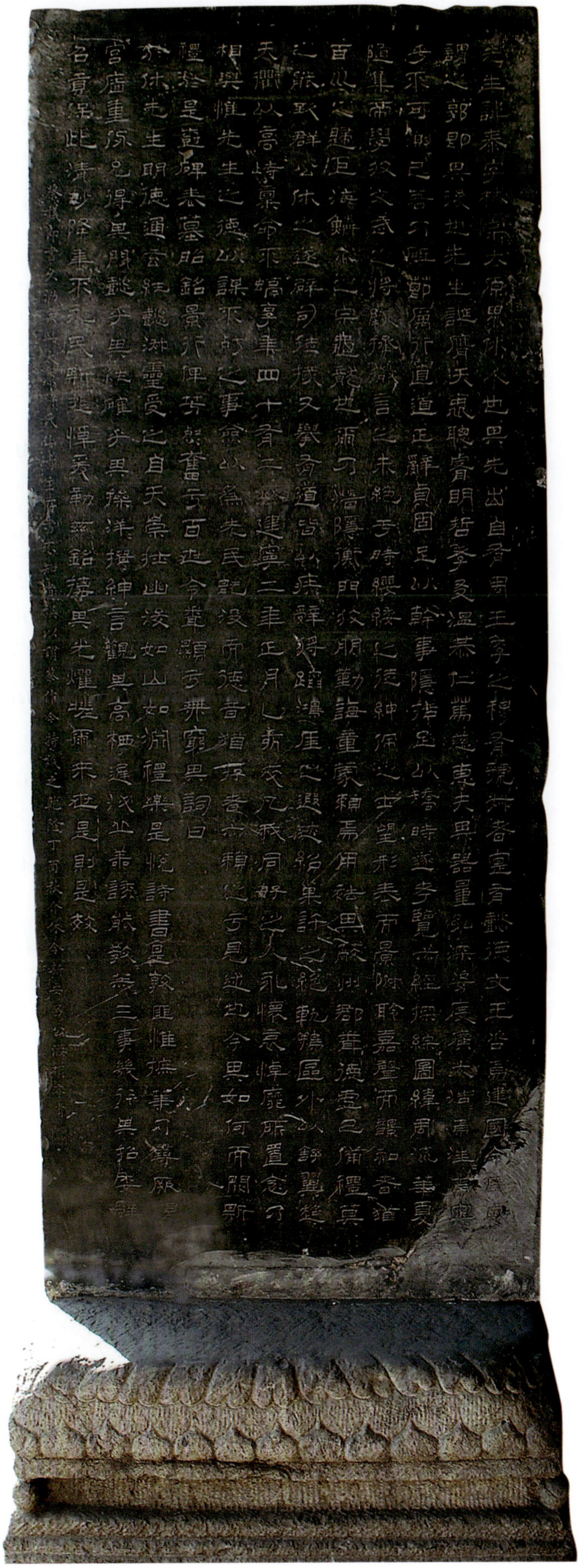

## 金 贴塑彩绘陶棺

No 14072221800013000000524

藏 晋中市博物馆

原 zq0026

级 一级

类 陶器

代 金

cm 高 73，长 71，宽 50

源 1993 年山西省晋中市左权县蚧蟆滩村出土

入 2018 年

## 金 贴塑彩绘陶棺

No 14072221800013000005750
藏 左权县文物所
原 Z027
级 一级
类 陶器
代 金
cm 高 69.5，长 70，宽 50
源 1993 年山西省晋中市左权县蛤蟆滩村出土
入 1993 年

## 金 贴塑彩绘陶棺

No 140722218000130000501

藏 左权县文物所

原 Z028

级 一级

类 陶器

代 金

cm 高 70.5，长 71.5，宽 50

源 1993 年山西省晋中市左权县蛤蟆滩村出土

入 1993 年

## 金 白釉镂空剔花牡丹纹瓷枕

No 1407242180000300000291

藏 昔阳县文物所

原 0493

级 一级

类 瓷器

代 金

cm 通高 14.3；枕面长 27.4，宽 20

源 2013 年山西省晋中市昔阳县松溪路 1 号墓出土

入 2013 年

2013XSM1:14

## 元 白釉剔花瓷枕

No 140781218000060000282

藏 介休市博物馆

原 0271

级 一级

类 瓷器

代 元

cm 通长 31.8，前高 8，后高 14.4

源 1983 年山西省介休市工务段移交

入 1989 年

## 清 白釉刻花双耳瓷瓶

No 1407262180000600001312
藏 太谷区文物所
原 0152
级 一级
类 瓷器
代 清
cm 高 63，口径 28
源 旧藏
入 1980 年

## 清 青花缠枝莲纹瓷绣墩

No 14072621800006000001308

藏 太谷区文物所

原 0155-1

级 一级

类 瓷器

代 清

cm 高 48.8

源 旧藏

入 1980 年

## 清 青花缠枝莲纹瓷绣墩

No 140726218000060000131 3

藏 太谷区文物所

原 0155-2

级 一级

类 瓷器

代 清

cm 高 48.5

源 旧藏

入 1980 年

## 金“皋州行元帅府经历司”九叠篆铜印

No 14072421800003000000291
藏 昔阳县文物所
原 0169
级 一级
类 玺印符牌
代 金
cm 通高 5.5，长 6，宽 6
源 1980 年在山西省晋中市昔阳县皋落镇寨背村征集
入 1980 年

## 金“左副元帅经历司印”九叠篆铜印

No 14072321800009000000005

藏 和顺县文物所

原 S001

级 一级

类 玺印符牌

代 金

cm 通高 4.5，长 8.2，宽 8.2

源 山西省晋中市和顺县文化馆移交

入 1984 年

## 春秋 尖足空首布

No 14072521800006000000041
藏 晋中市博物馆
原 026
级 一级
类 钱币
代 春秋
cm 高 15.1，宽 7.3
源 1984 年山西省晋中市寿阳县文化馆移交
入 2018 年

## 春秋 尖足空首布

No 14072521800000600000051

藏 寿阳县文物所

原 027

级 一级

类 钱币

代 春秋

cm 高 14.6，宽 6.8

源 1984 年山西省晋中市寿阳县文化馆移交

入 1997 年

## 春秋 尖足空首布

No 14072521800006000000044

藏 寿阳县文物所

原 028

级 一级

类 钱币

代 春秋

cm 高 14.7，宽 6.7

源 1984 年山西省晋中市寿阳县文化馆移交

入 1997 年

## 春秋 尖足空首布

No 14072521800006000000047

藏 寿阳县文物所

原 029

级 一级

类 钱币

代 春秋

cm 高 15，宽 7.5

源 1984 年山西省晋中市寿阳县文化馆移交

入 1997 年

春秋 尖足空首布

No 14072521800006000000042
藏 寿阳县文物所
原 030
级 一级
类 钱币
代 春秋
cm 高 15.2，宽 7.1
源 1984 年山西省晋中市寿阳县文化馆移交
入 1997 年

## 春秋 尖足空首布

- No 14072521800006000000050
- 藏 寿阳县文物所
- 原 031
- 级 一级
- 类 钱币
- 代 春秋
- cm 高 15，宽 6.8
- 源 1984 年山西省晋中市寿阳县文化馆移交
- 入 1997 年

## 春秋 尖足空首布

No 14072521800000600000043

藏 寿阳县文物所

原 032

级 一级

类 钱币

代 春秋

cm 高 14.9，宽 6.7

源 1984 年山西省晋中市寿阳县文化馆移交

入 1997 年

## 春秋 尖足空首布

No 14072521800000600000045

藏 寿阳县文物所

原 033

级 一级

类 钱币

代 春秋

cm 高 15.2，宽 7

源 1984 年山西省晋中市寿阳县文化馆移交

入 1997 年

## 春秋 尖足空首布

No 14072521800006000000039

藏 寿阳县文物所

原 034

级 一级

类 钱币

代 春秋

cm 高 15.1，宽 7

源 1984 年山西省晋中市寿阳县文化馆移交

入 1997 年

## 春秋 尖足空首布

No 14072521800000600000046

藏 寿阳县文物所

原 035

级 一级

类 钱币

代 春秋

cm 高 14.9，宽 7

源 1984 年山西省晋中市寿阳县文化馆移交

入 1997 年

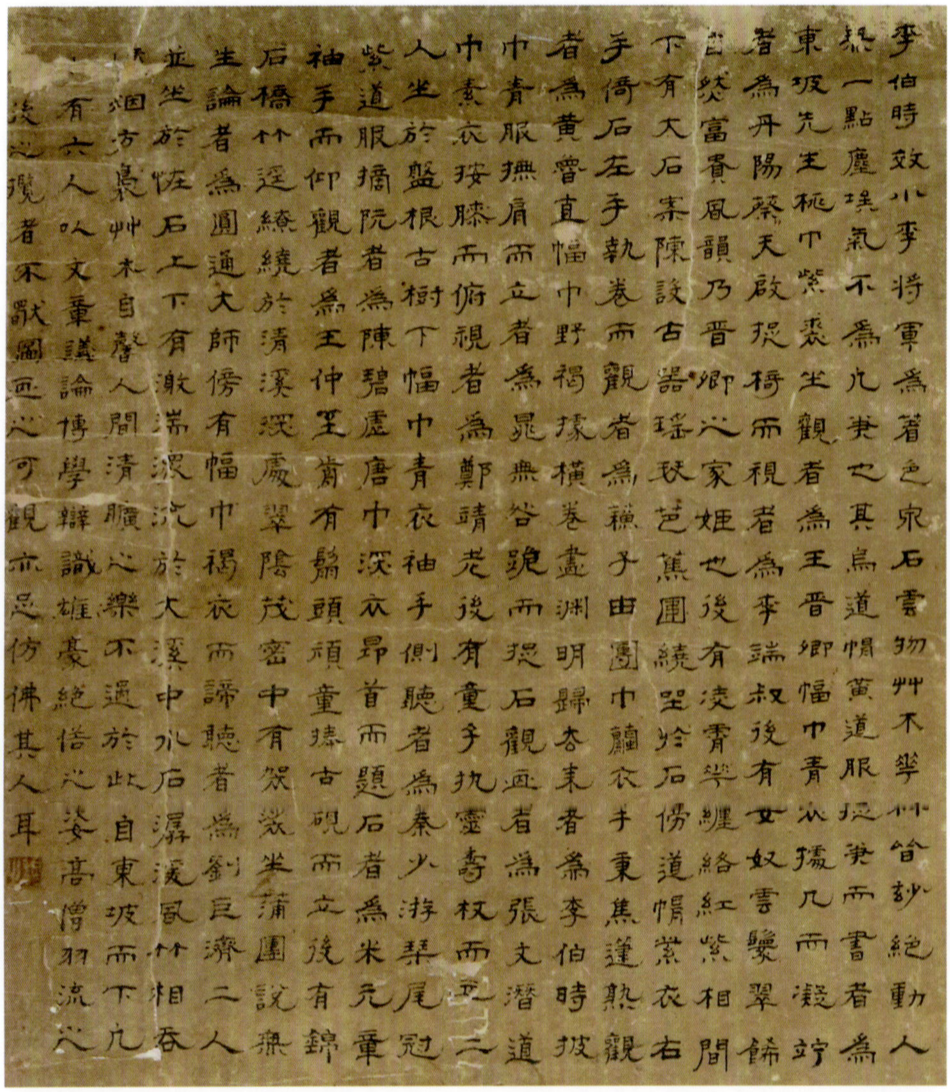

## 明 陈洪绶人物山水图轴

- No 140727218000202000001181
- 藏 祁县乔家大院民俗博物馆
- 原 2084
- 级 一级
- 类 书法、绘画
- 代 明
- cm 纵 177.5，横 95
- 源 旧藏
- 入 1986 年

## 明 宁斋山水绢本图轴

- No 14078121800006s00001
- 藏 介休市博物馆
- 原 0543
- 级 一级
- 类 书法、绘画
- 代 明
- cm 纵 232，横 126
- 源 1981 年山西省晋中市介休市征集
- 入 1989 年

## 明 仇英款清明上河绢本图卷

- No 140726218000060000l330
- 藏 太谷区文物所
- 原 0002
- 级 一级
- 类 书法、绘画
- 代 明
- cm 纵 29.5，横 700
- 源 旧藏
- 入 1980 年

## 明 蔡辉彩墨逸松图扇面册页

- No 14078121800006s00001
- 藏 介休市博物馆
- 原 0544-11
- 级 一级
- 类 书法、绘画
- 代 明
- cm 纵 17，横 48
- 源 1978 年山西省介休县三佳乡温村刘子健处征集
- 入 1989 年

## 明 张宏泥金面行书扇面册页

- No 14078121800006s00001
- 藏 介休市博物馆
- 原 0544-8
- 级 一级
- 类 书法、绘画
- 代 明
- cm 纵 16.8，横 49.58
- 源 1978 年山西省介休县三佳乡温村刘子健处征集
- 入 1989 年

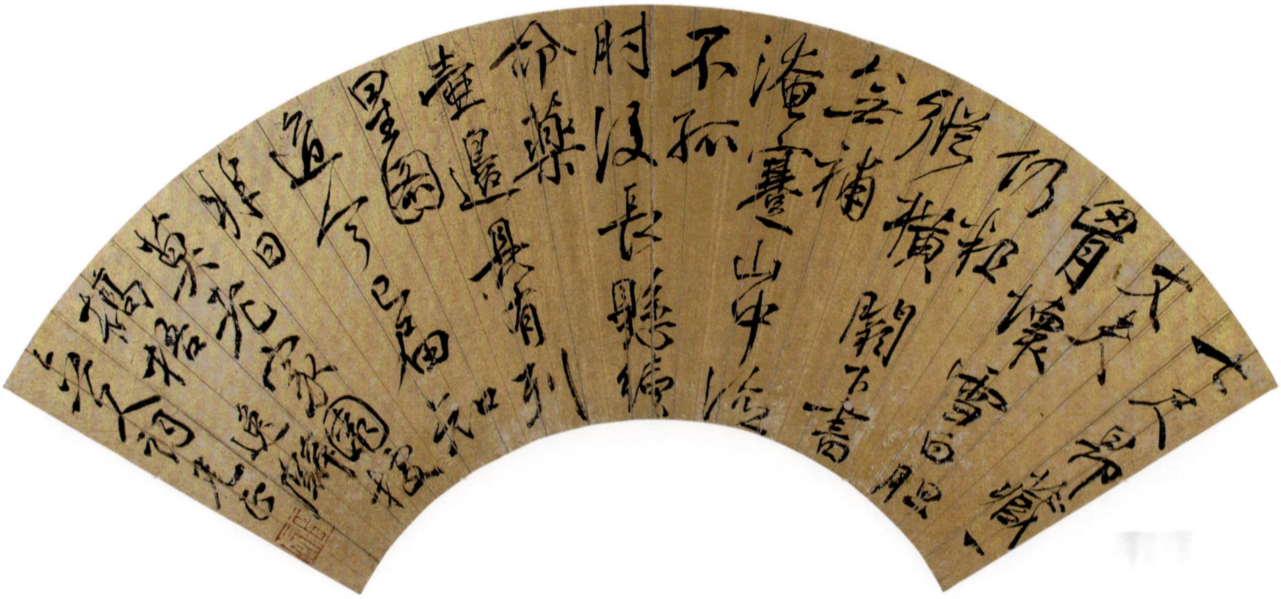

明 邹逸麟行书扇面册页

No 14078121800006s00001

藏 介休市博物馆

原 0544-12

级 一级

类 书法、绘画

代 明

cm 纵 16.5，横 52.2

源 1978 年山西省介休县三佳乡温村刘子健处征集

入 1989 年

## 清 项宜生行书扇面册页

No 14078121800006s00001

藏 介休市博物馆

原 0544-2

级 一级

类 书法、绘画

代 清

cm 纵 19.1，横 57.2

源 1978 年山西省介休县三佳乡温村刘子健处征集

入 1989 年

## 清 草书扇面册页

No 14078121800006s00001

藏 介休市博物馆

原 0544-18

级 一级

类 书法、绘画

代 清

cm 纵 18.7，横 54.5

源 1978 年山西省介休县三佳乡温村刘子健处征集

入 1989 年

## 清 袁耀设色九成宫绢本图轴

No 14072621800006000001091
藏 太谷区文物所
原 0001
级 一级
类 书法、绘画
代 清
cm 纵 196，横 262
源 旧藏
入 1980 年

## 清 冷枚设色醉八仙绢本图轴

- No 14072621800006000011194
- 藏 太谷区文物所
- 原 0039
- 级 一级
- 类 书法、绘画
- 代 清
- cm 纵 181，横 98
- 源 旧藏
- 入 1980 年

丹峰雲泉
第一峯老人畫法

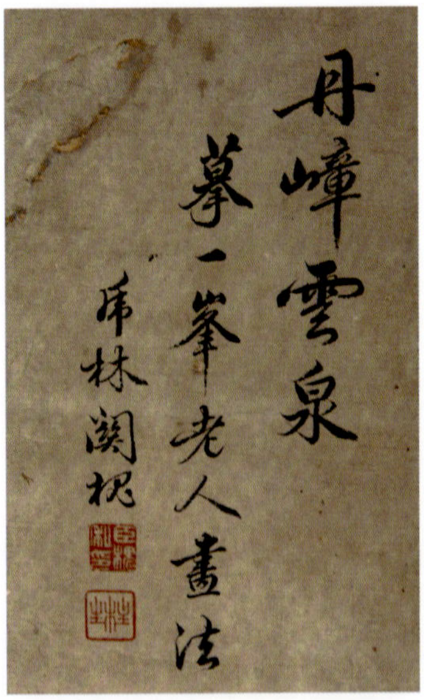


## 清 关槐设色丹嶂云泉绢本立轴

- No 14072621800006000000396
- 藏 太谷区文物所
- 原 0040
- 级 一级
- 类 书法、绘画
- 代 清
- cm 纵 147，横 83
- 源 旧藏
- 入 1980 年

## 清 百寿核桃木雕屏风

No 14072621800006000013335

藏 太谷区文物所

原 0003

级 一级

类 家具

代 清

cm 通高 375，通长 490

源 旧藏

入 1980 年

## 清 软木设色山水人物贴画插屏

No 14072621800006000001295

藏 太谷区文物所

原 0004-1

级 一级

类 家具

代 清

cm 通高 111，通长 111

源 旧藏

入 1980 年

## 清 软木设色山水人物贴画插屏

- No 140726218000060000l296
- 藏 太谷区文物所
- 原 0004-2
- 级 一级
- 类 家具
- 代 清
- cm 通高 100，通长 111
- 源 旧藏
- 入 1980 年

## 清 红木博古柜

No 14072621800006000001324
藏 太谷区文物所
原 0005-1
级 一级
类 家具
代 清
cm 通高 190，通长 124，通宽 54
源 旧藏
入 1980 年

## 清 红木博古柜

No 1407262180000600001333
藏 太谷区文物所
原 0005-2
级 一级
类 家具
代 清
cm 通高 190，通长 124，通宽 54
源 旧藏
入 1980 年

## 清 乌木嵌大理石梅枝座屏

No 14072621800006000001331

藏 太谷区文物所

原 0006

级 一级

类 家具

代 清

cm 通高 80，座长 55

源 旧藏

入 1980 年

## 清 酸枝木犀牛望月镜

- No 140727218000202000001178
- 藏 祁县乔家大院民俗博物馆
- 原 2083
- 级 一级
- 类 家具
- 代 清
- cm 通高 197，座长 121.8
- 源 旧藏
- 入 1986 年

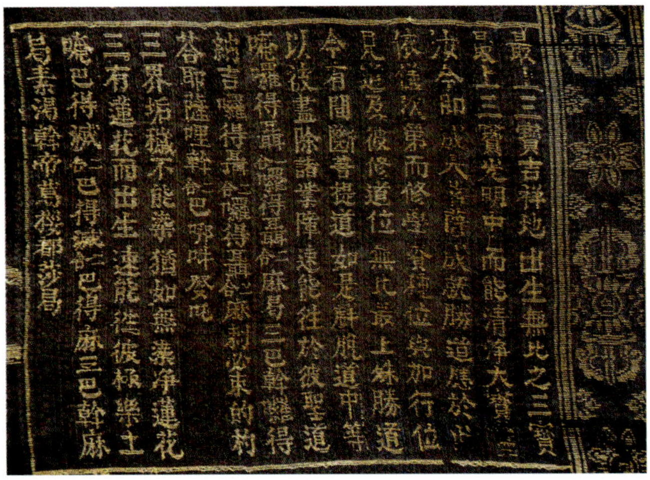

## 清 祁寯藻墓金线绣梵文陀罗尼经字塔经被

No 1407252180000600000052
藏 寿阳县文物所
原 036
级 一级
类 织绣
代 清
cm 纵 225，横 146
源 1984 年山西省晋中市寿阳县文化馆移交
入 1997 年

## 清 木雕渔樵耕读手杖

No 14072621800006000001191
藏 太谷区文物所
原 0008
级 一级
类 竹木雕
代 清
cm 通长 107
源 旧藏
入 1980 年

## 隋“大业九年永贵征辽平安”铜鎏金发愿文碑

No 14072521800006000000007

藏 寿阳县文物所

原 025

级 一级

类 其他

代 隋大业九年（613）

cm 高 10.1，宽 3.9，碑身厚 0.4

源 1986 年山西省晋中市寿阳县朝阳街出土

入 1997 年

## 清 金属蒸汽机车模型座钟

No 14072621800006000001328

藏 太谷区文物所

原 0076

级 一级

类 其他

代 清

cm 通高 46，通长 46，通宽 23

源 旧藏

入 1980 年

## 清《画春园》纱阁戏人

No 14072821800002000000014

藏 平遥县博物馆

原 184

级 一级

类 其他

代 清

cm 高 77.3，长 88.4，宽 48

源 旧藏

入 1977 年

## 清《大进宫》纱阁戏人

No 14072821800002000000007

藏 平遥县博物馆

原 186

级 一级

类 其他

代 清

cm 高 77.3，长 88.4，宽 48

源 旧藏

入 1977 年

## 清《飞虎山》纱阁戏人

No 14072821800002000005 21

藏 平遥县博物馆

原 185

级 一级

类 其他

代 清

cm 高 77.5，长 88.3，宽 48

源 旧藏

入 1977 年

飛虎

## 清《金马门》纱阁戏人

No 14072821800002000000009

藏 平遥县博物馆

原 187

级 一级

类 其他

代 清

cm 高 77.3，长 88.4，宽 48

源 旧藏

入 1977 年

## 清《溪黄庄》纱阁戏人

No 14072821800002000000021
藏 平遥县博物馆
原 188
级 一级
类 其他
代 清
cm 高 77.3，长 88.4，宽 48
源 旧藏
入 1977 年

## 清《狐狸缘》纱阁戏人

No 14072821800000200000019

藏 平遥县博物馆

原 189

级 一级

类 其他

代 清

cm 高 77.3，长 88.4，宽 48

源 旧藏

入 1977 年

狐狸缘

## 清《岳飞北征》纱阁戏人

No 14072821800002000000020

藏 平遥县博物馆

原 190

级 一级

类 其他

代 清

cm 高 77.3，长 88.4，宽 48

源 旧藏

入 1977 年

清《佘唐关》纱阁戏人

No 14072821800002000000011

藏 平遥县博物馆

原 191

级 一级

类 其他

代 清

cm 高 77.3，长 88.4，宽 48

源 旧藏

入 1977 年

## 清《恶虎村》纱阁戏人

No 14072821800002000000010

藏 平遥县博物馆

原 192

级 一级

类 其他

代 清

cm 高 77.3，长 88.4，宽 48

源 旧藏

入 1977 年

## 清《金台将》纱阁戏人

No 14072821800002000000028

藏 平遥县博物馆

原 193

级 一级

类 其他

代 清

cm 高 77.3，长 88.4，宽 48

源 旧藏

入 1977 年

## 清《八义图》纱阁戏人

No 14072821800002000000005

藏 平遥县博物馆

原 194

级 一级

类 其他

代 清

cm 高 77.3，长 88.4，宽 48

源 旧藏

入 1977 年

清《反棠邑》纱阁戏人

No 1407282180000200000001
藏 平遥县博物馆
原 195
级 一级
类 其他
代 清
cm 高 77.3，长 88.4，宽 48
源 旧藏
入 1977 年

## 清《南阳关》纱阁戏人

No 14072821800002000000016

藏 平遥县博物馆

原 196

级 一级

代 其他

代 清

cm 高 77.3，长 88.4，宽 48

源 旧藏

入 1977 年

## 清《赶龙船》纱阁戏人

No 14072821800000200000006

藏 平遥县博物馆

原 197

级 一级

类 其他

代 清

cm 高 77.3，长 88.4，宽 48

源 旧藏

入 1977 年

赶龍

## 清《百花点将》纱阁戏人

No 14072821800002000000004

藏 平遥县博物馆

原 198

级 一级

类 其他

代 清

cm 高 77.3，长 88.4，宽 48

源 旧藏

入 1977 年

清《云环记》纱阁戏人

No 140728218000020000003

藏 平遥县博物馆

原 199

级 一级

类 其他

代 清

cm 高 77.3，长 88.4，宽 48

源 旧藏

入 1977 年

## 清《战洛阳》纱阁戏人

No 14072821800000200000012
藏 平遥县博物馆
原 200
级 一级
类 其他
代 清
cm 高 77.3，长 88.4，宽 48
源 旧藏
入 1977 年

戰洛陽

## 清《五岳图》纱阁戏人

- No 140728218000020000017
- 藏 平遥县博物馆
- 原 201
- 级 一级
- 类 其他
- 代 清
- cm 高 77.3，长 88.4，宽 48
- 源 旧藏
- 入 1977 年

## 清《鸿门宴》纱阁戏人

No 14072821800002000000026
藏 平遥县博物馆
原 202
级 一级
类 其他
代 清
cm 高 77.3，长 88.4，宽 48
源 旧藏
入 1977 年

## 清《祥麟镜》纱阁戏人

No 14072821800002000000013
藏 平遥县博物馆
原 203
级 一级
类 其他
代 清
cm 高 77.3，长 88.4，宽 48
源 旧藏
入 1977 年

鏡麟鑲
暗室虧心神目如電
人間私語天聞若雷

## 清《斩黄袍》纱阁戏人

No 14072821800002000000 15

藏 平遥县博物馆

原 204

级 一级

类 其他

代 清

cm 高 77.3，长 88.4，宽 48

源 旧藏

入 1977 年

## 清《春秋笔》纱阁戏人

No 140728218000020000008

藏 平遥县博物馆

原 205

级 一级

类 其他

代 清

cm 高 77.3，长 88.4，宽 48

源 旧藏

入 1977 年

## 清《满床笏》纱阁戏人

No 1407282180000200000022

藏 平遥县博物馆

原 206

级 一级

类 其他

代 清

cm 高 77.3，长 88.4，宽 48

源 旧藏

入 1977 年

滿床笏

## 清《借伞》纱阁戏人

- No 14072821800002000000018
- 藏 平遥县博物馆
- 原 207
- 级 一级
- 类 其他
- 代 清
- cm 高 77.3，长 88.4，宽 48
- 源 旧藏
- 入 1977 年

## 清《困洞台》纱阁戏人

- No 140728218000020000024
- 藏 平遥县博物馆
- 原 208
- 级 一级
- 类 其他
- 代 清
- cm 高 77.3，长 88.4，宽 48
- 源 旧藏
- 入 1977 年

## 清《司马庄》纱阁戏人

No 14072821800000200000002
藏 平遥县博物馆
原 209
级 一级
类 其他
代 清
cm 高 77.3，长 88.4，宽 48
源 旧藏
入 1977 年

暗室虧心神目
人間

清 彩绘《铁钉床》纱阁戏人

No 14072821800000200000025

藏 平遥县博物馆

原 210

级 一级

类 其他

代 清

cm 高 77.3，长 88.4，宽 48

源 旧藏

入 1977 年

## 清《邓家堡》纱阁戏人

No 14072821800002000000023

藏 平遥县博物馆

原 211

级 一级

类 其他

代 清

cm 高 77.3，长 88.4，宽 48

源 旧藏

入 1977 年

## 清 光绪十四年日昇昌票号流水帐

No 14072821800003000000065

藏 平遥县票号博物馆

原 0377

级 一级

类 票据

代 清光绪十四年（1888）

cm 纵 22.8，横 18.7

源 1995 年征集

入 1995 年

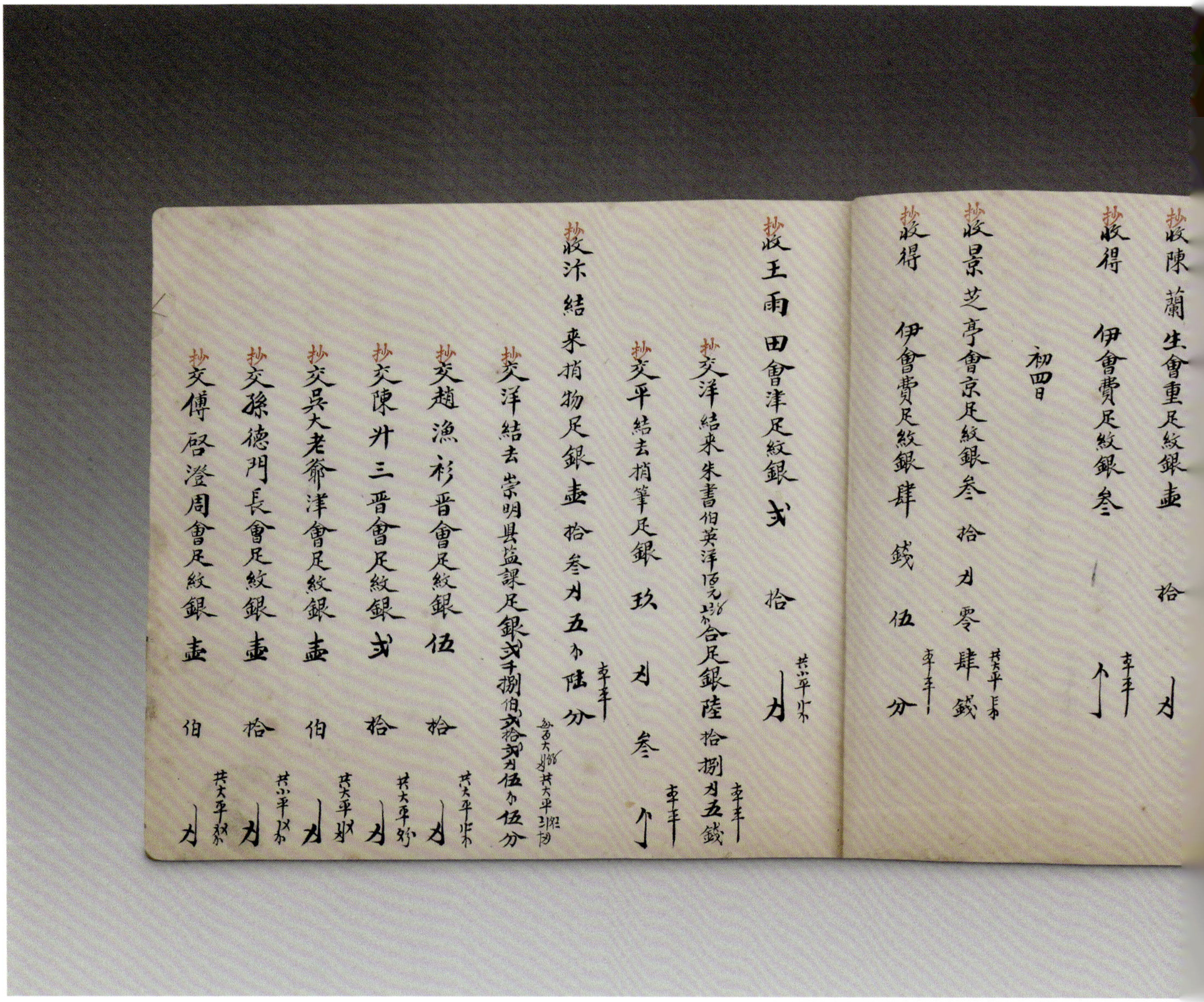

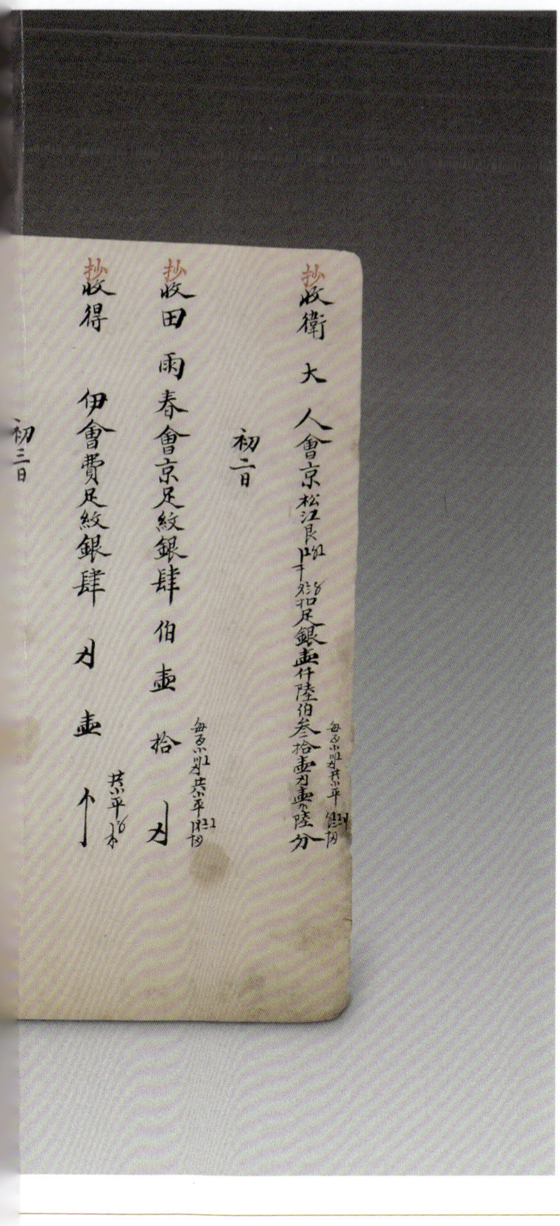
抄
收衛 大 人會京松江
足銀壹仟陸佰叁拾壹
初二日
抄
收田 雨春會京足紋銀肆 佰 壹 拾
抄
收得 伊會費足紋銀肆 壹
初三日

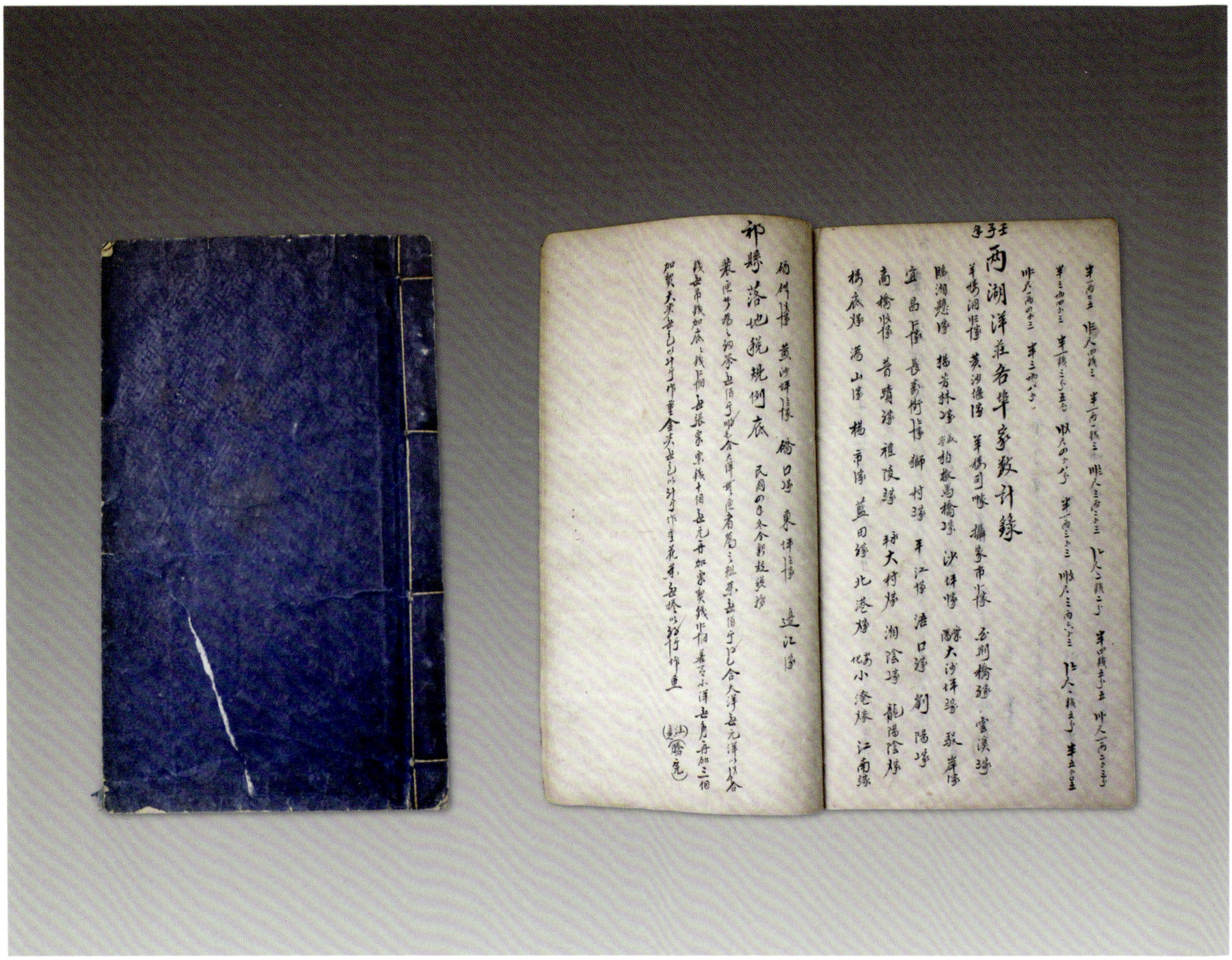


## 民国六年《行商遗要》抄本

No 140727218000210000071l
藏 祁县晋商文化博物馆
原 404
级 一级
类 古籍图书
代 民国六年（1917）
cm 纵 23，横 14
源 1977 年征集
入 1977 年

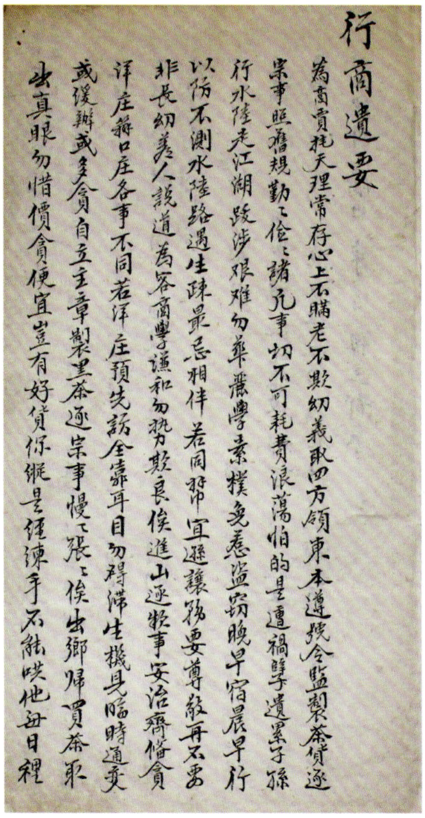

行商遺要

為商賈秉天理常存心上不瞞老不欺幼義取四方領東本遵號令監製茶貨逐
宗事照舊規勤勤儉儉諸凡事切不可耗費浪蕩怕的是遭禍孽遺累子孫
行水陸走江湖跋涉艱難勿華麗學素樸免惹盜竊晚早宿晨早行
以防不測水陸路遇生疏最忌相伴若同夥幫宜遜讓務要尊敬再不要
非長幼善人說道爲客商學謙和勿勢欺良俟進山逐樁事安治齊備會
洋庄籌口庄各事不同若洋庄預先訪全靠耳目勿得滯生機具臨時通變
或緩辦或急貪自立主章製黑茶逐宗事慢慢張張俟出鄉歸買茶取
出真眼勿惜價貪便宜豈有好貨你縱是經練手不能哄他毋日裡